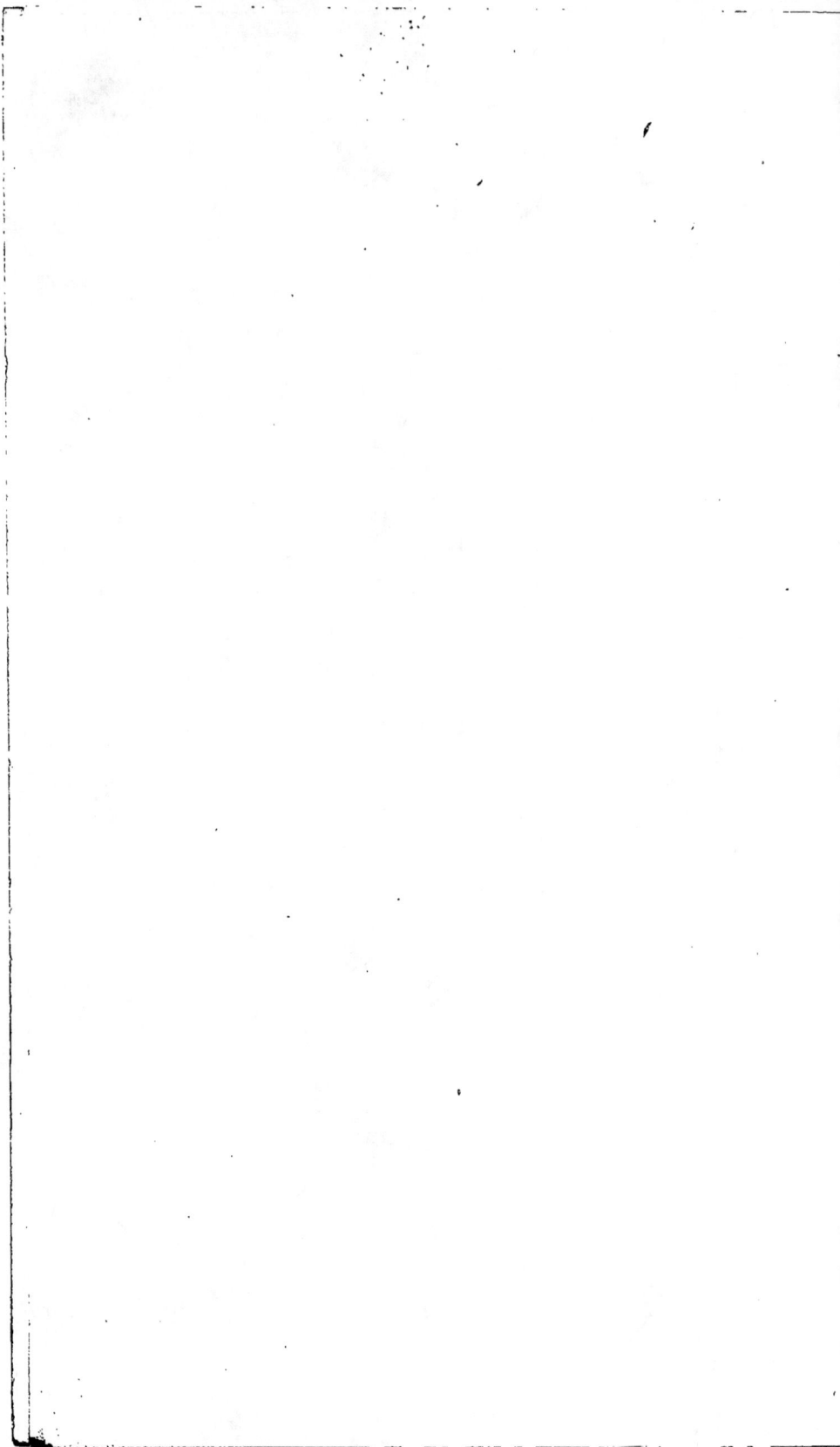

COMMISSION DÉPARTEMENTALE

DE SOUSCRIPTIONS ET DE SECOURS AUX BLESSÉS

ET AUX FAMILLES

VICTIMES DE LA GUERRE

꧁ ꧂

RAPPORT

aux souscripteurs et aux membres du comité

DU DÉPARTEMENT DE LA DROME.

———⋅✕✕⋅ ⋅ —

MESSIEURS,

Dès que la guerre fut déclarée, nous provoquâmes une souscription en faveur des soldats et des familles qui devaient en être les victimes. Un appel chaleureux avait été fait par la presse parisienne; — nous nous adressâmes à notre presse valentinoise, et nous avons trouvé le plus généreux concours dans son empressement à accueillir cette idée, à la propager et à la réaliser.

Organisation.

Bientôt les offrandes arrivèrent, et nous demandâmes qu'un Comité fût formé pour centraliser ces secours et en faire la répartition. A cet effet, tous les souscripteurs résidant à Valence furent convoqués à une réunion qui eut lieu le 26 juillet à l'Hôtel-de-Ville. — Une discussion s'éleva sur la destination qui serait donnée à ces fonds. D'après les uns, ils devaient être attribués exclusivement aux militaires et aux familles du département de la Drôme ; d'après les autres, ils devaient être répartis sans distinction entre tous les militaires de l'armée française. L'avis auquel on s'arrêta fut qu'il devait être ouvert deux listes et que chacun serait invité à faire connaître la destination qu'il entendait donner à sa souscription. L'assemblée procéda ensuite, par voie de scrutin secret, à la nomination d'un Comité. Furent nommés :

MM. Dupré de Loire, médecin en chef de l'hôpital civil et militaire, *Président* ;

Clerc, notaire, membre du conseil général, *Vice-Président* ;

Lavis, juge au tribunal, *Vice-Président* ;

Chirossel, avocat, *Secrétaire* ;

Guichard, id. *Vice-Secrétaire* ;

Malens, id. *id.*

de Bernon, trésorier-payeur général, *Trésorier* ;

Barral, *Vice-Trésorier* ;

L. Borel, banquier, *Vice-Trésorier*.

Le Comité se mit à l'œuvre immédiatement. Il arrêta les termes d'un manifeste qui fut publié en date du 28 juillet 1870 ; et, à partir de ce jour, se réunit deux fois par semaine, le mardi et le vendredi soir, pour recevoir les souscriptions, les demandes et les avis qui lui seraient adressés. Il fut ainsi recueilli, 24,498 fr. 55 c.; savoir : pour les familles du département . . . . 7,748 fr. 70 c.
et pour la seconde catégorie, celle des blessés 16,749   85
                                                        ――――――――――
                                                        24,498   55

Ces sommes, au fur et à mesure des versements, étaient déposées à la recette générale.

Mais bientôt, cette organisation devait être modifiée.

Le Corps législatif venait de voter un crédit de cinquante millions affecté aux familles des militaires appelés sous les drapeaux. La répartition devait en être faite dans chaque département par des comités que l'administration supérieure était chargée de constituer. (Circulaire du ministère de l'intérieur du 5 août 1870.) M. le Préfet nous proposa de réunir les fonds de notre souscription à ceux qu'il devait recevoir de l'Etat et de nous joindre à la Commission départementale qu'il se proposait d'organiser. Il forma cette Commission en adjoignant à celle qui avait été spontanément organisée à Valence un membre par canton, qui devait être le conseiller général, ou, en son absence, le conseiller d'arrondissement.

Le Comité départemental se trouva ainsi formé :

Pour le canton de *Valence*, les membres ci-dessus désignés :

P^r le cant. du Grand-Serre, M. *de Bernon*.	du cant. de Saint-Donat, M. *Chartron·*
— de St-Vallier, M. *Baboin.*	— de Romans, M. *Servan.*
— de Tain, M. *Degros.*	— de Saint-Jean-en-Royans, M. *Gaudo-Paquet.*
— de B.-de-Péage, M. *Vacher.*	
— de Loriol, M. *Besson.*	
— de la Chapelle-en-Vercors, M. *Joubert.*	— de Chabeuil, M. *Rosset.*
— de Châtillon-en-Diois, M. *Blanc.*	— de Diculefit, M. *Morin.*
— de Luc-en-Diois, M. *Alléoud.*	— de Marsanne, M. *Loubet.*
— de Die, M. *Buis.*	— de Montélimar, M. *Chabaud.*
— de la Motte-Chalancon, M. *Berger.*	— de Saint-Paul-trois-Châteaux, M. *Pradelle.*
— de Saillans, M. *Rey.*	
— de Crest-Nord, M. *Fraud.*	— de Rémuzat, M. *Marcellin.*
— de Crest-Sud, M. *Borel.*	— du Buis, M. *Roux.*
= de Bourdeaux, M. *Laurens.*	— de Séderon, M. *Reynaud-Lacroix.*
— de Pierrelatte, M. le comte de *Labeaume.*	
— de Grignan, M. *Goubert.*	Membres des Conseils d'arrondissement.
— de Nyons, M. *Long.*	

(colonne centrale : Membres du Conseil général.)

Le Comité maintint comme membres du Bureau les membres résidant à Valence déjà nommés et décida que ses réunions auraient lieu le 1er et le 15 de chaque mois pour statuer sur les demandes reçues d'une séance à l'autre ; un règlement, discuté à la première séance, fut adopté.

D'après ce règlement (art. 7) il fut arrêté que « sur les fonds » mis à la disposition de la Commission, une moitié sera » destinée à secourir les besoins les plus urgents, *sans distinc-* » *tion de localité*, et l'autre moitié distribuée *dans chaque can-* » *ton* dans la proportion de la population. » — « L'article 5 » établit qu'aucun secours ne sera accordé qu'après une en- » quête préalable et avis du membre de la Commission qui » représente le canton. » — Toutes ces mesures étaient prudentes et justes ; elles avaient pour but d'assurer, en raison des vrais besoins, la plus équitable répartition.

Pour donner à ces demandes une uniformité nécessaire dans les choses administratives, nous fîmes imprimer une formule qui résume aussi exactement que possible la situa-

tion des familles et établit la légitimité de la réclamation.
Pour couvrir notre responsabilité, nous avons dû exiger que
les faits articulés fussent attestés par deux personnes inté-
ressées au même titre, ou par deux conseillers municipaux,
et certifiés par le Maire de la commune qui légalise les signa-
tures. Le membre de la Commission, représentant du canton,
est invité à y ajouter son avis motivé. Ces pièces, classées
par n° d'ordre d'après leur arrivée, forment un dossier volu-
mineux. Nous en avons reçu plus de deux mille.

Je ne dirai rien du travail long et minutieux que nous a
imposé cette tâche. C'était notre part de dévouement et nous
nous en sommes acquittés avec plaisir. Il a fallu classer, en-
registrer ces nombreuses demandes ; répondre exactement à
toutes les lettres auxquelles elles devaient donner lieu. L'intention de ces secours n'avait pas toujours été bien comprise.
Il semblait à quelques-uns qu'il suffisait d'avoir un membre
de la famille sous les drapeaux pour y prendre part ; certains
s'imaginaient que c'était comme une prime d'engagement et
qu'ils avaient droit à la réclamer sans autre titre ; il y en avait,
parmi les demandeurs qui ne s'étaient même pas trouvés sur le
théâtre de la guerre ; d'autres servaient à titre de remplaçants
et avaient déjà touché le prix de ce remplacement. La Commission a dû éliminer des demandes de ce genre.

Elle a dû éliminer également celles qui étaient faites par
des personnes dans l'aisance, qui n'avait point à souffrir du
fait de cette guerre. Elle devait réserver les secours pour les
familles qui se voyant enlever un membre laborieux perdaient
avec lui les ressources d'un pauvre ménage ; pour les pères
qui, par l'éloignement d'un fils chargé des travaux d'une ex-
ploitation rurale, subissaient un dommage d'autant plus
grand que les bras étaient rares dans la campagne et le prix
des journées bien cher pour les travaux de la terre ; pour des
veuves ou de jeunes femmes privées par cette guerre de leur
soutien, alors surtout qu'il laissait de jeunes enfants ou des
vieillards infirmes à qui tout manquait par suite de ce départ.
Ces familles qui ont eu véritablement à souffrir par le fait de
la guerre avaient les premiers droits à notre sollicitude, et
c'est à elles que nous avons attribué la plus large part des
secours dont nous pouvions disposer.

C'est surtout dans les villes que ces besoins se sont fait

sentir bien plus que dans les campagnes. On sait que là les besoins sont plus nombreux et plus grands et que tout est plus dispendieux. A Valence, à Romans, à Montélimar, à Crest, les demandes ont été nombreuses et justifiées par la suspension des travaux et surtout par les rigueurs de l'hiver. La Commission a fait, dans ces conditions, la part aussi large que possible. Certaines familles ont reçu jusqu'à 150 francs répartis sur plusieurs mois. C'est toujours par petites sommes plus ou moins répétées, données mensuellement ou bi-mensuellement afin de leur ménager les ressources, que les allocations ont été faites. Elles ont été sollicitées avec une insistance qui prouve combien elles étaient nécessaires.

Toutes les pièces ont été soigneusement examinées par la Commission qui prononçait l'admission au secours et la quotité à y affecter.

Sans entrer dans les détails, permettez-moi de vous en présenter un relevé général et complet.

Statistique des demandes.

Il nous a été adressé 2063 demandes de secours. Elles ont été reçues dans l'ordre suivant :

264	pendant le mois de	septembre ;
397	—	—	octobre ;
197	—	—	novembre ;
393	—	—	décembre ;
233	—	—	janvier ;
348	—	—	février ;
52	—	—	mars ;
et 179	dans les mois suivants jusqu'à ce jour.
2063			

On remarquera que ces demandes ont suivi la progression des besoins. C'est pendant les mois de décembre, janvier et février qu'elles ont été le plus nombreuses, c'est-à-dire lorsque les ressources ont été épuisées et que l'hiver a fait sentir ses rigueurs. On se rappelle combien les froids de cette année ont été vifs et prolongés.

Sur 2063 demandes, 535 ont été faites par des veuves, à qui l'on avait enlevé des fils qui pouvaient être réputés leur principal sinon leur unique soutien. La plupart de ces militaires avaient été compris jusque-là dans les catégories exemptées par la loi, et, rappelés inopinément, ils laissaient la famille au dépourvu.

4J3 demandes étaient au nom de jeunes femmes dont les maris avaient été rappelés au service, ou obligés de marcher dans la garde nationale mobile ou dans les bataillons mobilisés. Un certain nombre même étaient partis comme engagés volontaires pour la durée de la guerre, les laissant trop souvent avec de jeunes enfants à leur charge.

1115 demandes étaient présentées par des familles où se trouvaient des charges plus ou moins lourdes : des enfants en plus ou moins grand nombre, des vieillards, des infirmes, des malades.

Le plus grand nombre venues de la campagne, intéressaient des cultivateurs.

Dans les villes, c'était des ouvriers d'état dont les travaux étaient suspendus.

Quelques-unes de ces familles avaient 2, 3 et jusqu'à 4 enfants sous les drapeaux à la fois.

Plus tard sont venus les réclamations pour les prisonniers et les blessés.

Un certain nombre de communes ne nous ont pas adressé de demandes de secours. C'est un fait sur lequel nous avons plusieurs fois appelé l'attention de la Commission, soit qu'il provienne de l'absence de réclamations ou de l'impossibilité de les justifier. Nous le regretterions vivement s'il fallait l'attribuer à l'ignorance de cette mesure. Nous avons fait ce qu'il dépendait de nous pour qu'elle fût portée à la connaissance de tous. Quoiqu'il en soit :

Dans l'arrondissement	de Valence	sur	109 communes	23
—	de Die	sur	117 —	25
—	de Montélimar	sur	69 —	20
—	de Nyons	sur	74 —	31
			369	99

n'ont point fait parvenir de demandes et ne figurent point dans les diverses répartitions qui ont été faites.

D'après le classement que nous en avons fait, les *cantons* qui ont adressé le plus grand nombre de demandes sont ceux de *la Chapelle-en-Vercors, Châtillon-en-Diois, Grand-Serre, Chabeuil, Saint-Vallier* et *Saint-Jean-en-Royans.* Il en est venu, de toutes les communes de ces cantons ainsi que de ceux de *Saint-Paul-trois-Châteaux* et *Pierrelatte.* Avec eux, les cantons de *Saint-Donat, Romans, Tain* et *Valence* ont été inscrits dès le le début et ont pris part à toutes les distributions.

Les *communes* qui ont reçu les allocations les plus fortes eu égard à leur population sont :

Le Bourg-de-Péage et Saint-Nazaire-en-Royans ; — Chabeuil et le Chaffal ; — la Chapelle-en-Vercors, Saint-Agnan et Saint-Martin ; — Châtillon et Treschenu ; — Die ; — le Grand-Serre, Hauterives, Moras, Montrigaud et Lens-Lestang ; — Monté-limar ; — Romans, Peyrins et Saint-Paul-lès-Romans ; — Pierrelatte et Donzère ; — Saint-Jean-en-Royans et Bouvantes ; — Suze-la-Rousse et Saint-Paul-trois-Châteaux ; — Saint-Vallier, Anneyron, Beausemblant et Ponsas ; — Mercurol ; — Valence et le Bourg-lès-Valence.

Je ne fais ce relevé que pour rendre hommage au zèle qu'ont apporté les représentants de ces localités, Maires et membres de la Commission, pour les faire participer aux avantages de la mesure. Je dois dire aussi qu'il en est de ces Messieurs qui y ont mis assez de discrétion pour attendre que les besoins se fissent sentir, afin d'avoir plus de droits à réclamer.

C'est un devoir pour moi de témoigner que les intérêts de tous les ayant droits ont été chaudement appuyés par leurs représentants et que ceux-ci n'ont négligé aucune démarche pour les faire valoir.

Sur les 2063 demandes enregistrées, 1586 ont été admises et ont pris part aux Secours dans une proportion plus ou moins forte et pour un temps plus ou moins long. — 477 ont été rejetées, n'étant pas dans les conditions voulues pour y participer.

A Valence et au Bourg-lès-Valence, les distributions ont

commencé dès le mois d'août ; pour un certain nombre d'autres localités, dès le mois de septembre, et se sont continuées en s'augmentant en raison des demandes et des besoins. Elles ont été suspendues lorsque le total a atteint un chiffre qui dépassait la part proportionnelle que nous avions à maintenir ; ou plutôt, lorsque les besoins ont pu cesser par le retour de la belle saison, par la reprise des travaux ou par la fin des hostilités.

A ce moment là, faisant le relevé de ces distributions, nous avons noté cent trente et une Communes dans le département qui n'y avaient pris aucune part. La Commission a pensé que les derniers fonds qui nous restaient, lesquels s'élevaient à 12,000 fr., devaient leur être réservés. En conséquence, une circulaire a été adressée à chacun des Maires de ces Communes, les invitant à rechercher ces besoins et à nous les faire connaître. Dans la pensée de la Commission, les prisonniers et les blessés, qui jusque là n'avaient reçu aucun secours de nous, devaient y être admis pour une somme qui les dédommageât de ce retard.

A cette circulaire, nous avons reçu 87 réponses : 14 déclarant n'avoir aucun sujet qui se trouve dans les conditions indiquées ; — 44 ne nous ont point fait parvenir de réponse, ce qui a été pour nous un état négatif ; — 73 ont fourni les attestations réclamées par notre feuille d'informations et ont été admis à prendre part à cette dernière distribution pour une somme de 30, 40 ou 50 fr; ce qui représente pour eux l'allocation faite en moyenne pendant les mois précédents aux familles premièrement inscrites. Il était de toute justice de ne pas laisser en dehors de cette répartition des hommes qui n'avaient été omis que parce qu'ils avaient ignoré la mesure ou qu'ils avaient été dans l'impossibilité d'en réclamer le bénéfice.

Ce n'est sans doute pas un dédommagement pour les fatigues d'une guerre qui a été si pénible à nos soldats ; ce n'en est pas un surtout pour ceux qui y ont laissé leur santé ou quelqu'un de leurs membres. C'est un souvenir reconnaissant de leurs concitoyens ; et à ce titre, nous désirions que tous ceux qui y avaient quelque droit pûssent le recevoir. Nous avons fait pour cela ce qui était dans nos attributions : espérons que nous aurons atteint le but autant que possible.

Allocation des secours.

Les secours ont été attribués aux familles sans distinction autre que celle de leurs besoins.

Comme on l'a fait dans d'autres départements, nous ne nous sommes pas enquis si la commune qu'elles habitent avait fourni à la souscription, et si cette souscription égalait le secours que nous avons donné. Non! nous avons considéré le département comme une grande famille où l'on devait se secourir et s'assister fraternellement. Il n'est que trop vrai que les localités pauvres, celles qui ne peuvent contribuer à fournir les ressources, sont précisément celles où se trouvent le plus de familles auxquelles il fallait venir en aide, et nous avons donné dans la mesure de nos ressources. S'il paraît juste, en principe, d'exiger une part contributive pour avoir part à la répartition, dans le fait cette mesure est d'une justice trop rigoureuse, et nous croyons avoir mieux traduit le sentiment des donateurs en ne tenant compte que des vrais besoins. Il est vrai aussi que les besoins sont moins grands dans les campagnes que dans les villes, et c'est par l'appréciation de ces conditions que nous avons réglé la proportion des allocations.

C'est ainsi que 65 familles ont reçu un secours de 5 fr.

—	839	—	—	10
—	176	—	—	15
—	395	—	—	20
—	59	—	—	30
—	14	—	—	40

renouvellé pendant un certain nombre de mois.

38 ont reçu 50 francs une fois donnés. Ces derniers étaient les militaires blessés ou prisonniers dont les demandes ne nous sont parvenues qu'en dernier lieu.

Notre première intention était d'attribuer à chaque famille 1 fr. par jour : nous aurions voulu donner à ce secours une valeur qui pût dédommager un peu les familles et pourvoir à leurs besoins les plus pressants, car nous ne rendions pas, à beaucoup près, ce que le travail du militaire soutien de famille leur aurait procuré. Nous avions donc tout d'abord établi les allocations sur ce pied ; mais nous avons dû les réduire à mesure qu'elles devenaient plus nombreuses. A part quelques rares exceptions, elles ont été de 20 fr. par mois ; quelques-unes de 15 fr. et le plus grand nombre de 10 fr.

Nous aurions voulu aussi pouvoir maintenir cette distribution par quinzaine, ainsi que nous l'avions d'abord adoptée, parce qu'il n'arrive que trop souvent qu'une somme d'argent est dépensée dès qu'elle est touchée ; il nous semblait préférable de ménager les ressources de ces pauvres gens en la faisant toucher par fractions plus souvent renouvellées. Dans une distribution de quinzaine nous trouvions aussi l'avantage de ne pas faire attendre le secours demandé ; il pouvait être donné aussitôt après avoir été voté. Mais les écritures très-nombreuses et très compliquées qu'imposait cette comptabilité nous ont obligés à adopter une distribution mensuelle.

Il a été distribué en août	1870		125 fr.
—	en septembre	—	3,810
—	en octobre	—	8,730
—	en novembre	—	11,415
—	en décembre	—	11,125
—	en janvier	1871	10,895
—	en février	—	8,015
—	en mars	—	1,465
—	en mai	—	3,465
une dernière distribution pour une somme de			11,710
			70,855

a été arrêté le 25 août.

Cette dernière somme attribuée pour la plus grande part, à la catégorie des blessés et prisonniers est le solde de notre opération.

Une somme de 2,000 fr. a été votée dans la séance du 13 décembre pour venir en aide à l'œuvre qui, dans notre ville, sons les auspices de l'administration municipale, a distribué des secours en nature aux militaires rapatriés ainsi qu'aux malades et aux blessés de passage à la gare de Valence. Notre souscription était ouverte pour des secours de cette nature, si nécessaires au moment où ils ont été donnés et si utilement appliqués.

Quelques frais généraux, de bureaux, de correspondance, d'impressions diverses ont été nécessaires à ce travail. Ils s'élévent à une somme de 306 fr. 55 c. donc le détail a été soumis à la Commission et la dépense votée par elle.

Les ressources mises à notre disposition ont été les suivantes :

1° Produit de la souscription :

Savoir : avec affectation spéciale aux familles du département 10,641 90	}	
Pour les blessés de la guerre sans distinction 16,747 85	}	27,389 75

2° Sur les fonds de l'Etat :

1ʳᵉ Allocation, en date du 10 août 1870.	5,000	}		
2ᵉ -- — du 12 août . .	21,000	}	46,000	»
3ᵉ — — du 7 janvier 1871.	20,000	}		
	Total.		73,389	75

Ce chiffre de 27, 389 fr. 75 c. n'est pas celui des souscriptions réunies dans le département de la Drôme. C'est celui qui a été reçu directement par le Comité, ou par les journaux de la localité qui nous ont transmis les offrandes qui leur étaient adressées. Nous devons dire que la générosité de nos concitoyens ne s'est pas bornée là : Il faut y ajouter les sommes recueillies par les soins de l'Administration et versées au compte des secours donnés par l'Etat. On sait qu'à la suite de l'initiative privée qui a provoqué ces dons pratiotiques, le gouvernement a ouvert des listes où les communes et les particuliers étaient invités à verser leur offrande. Les administrations, les fonctionnaires, ici comme partout, se sont empressés de répondre à cet appel. Ces fonds receuillis par les percepteurs ont été transmis hiérarchiquement et ont formé un fonds spécial indépendant du notre. Nous savons même que dans certaines communes ces souscriptions nous étaient destinées. Elles sont arrivées à la même destination par une autre voie. Nous pouvons les faire figurer à l'actif du patriotisme de nos concitoyens; mais, n'en ayant pas eu la disposition, nous n'avons pas à en rendre compte.

Quant à la part qui nous a été faite sur les fonds de l'Etat il n'a pas dépendu de nous qu'elle fût plus forte ; nous l'avons plus d'une fois demandé dans les rapports que nous adressions au Ministère de l'intérieur en lui faisant connaître, selon les instructions que nons en avions reçues, notre état de situation à la fin de chaque mois. Mais nous devions comprendre que ces secours devaient être envoyés de préférence aux pays qui ont eu le malheur d'être le théâtre de la guerre, et qui, aux douleurs des familles, ont eu à ajouter les désastres de l'invasion et les pertes sans nombre de la propriété. Nous avons reçu avec reconnaissance ce qui nous a été donné, et nous avons fait sans regrets, en faveur des départements plus éprouvés et plus à plaindre que le notre, l'abandon de ce qui aurait pu nous revenir si, ainsi qu'on nous l'avait donné à entendre, la répartition eut été faite proportionnellement à la population.

C'est donc sur ce total de 73,389 fr. 75 cent. que nous avons opéré nos répartitions.

Il fallait assurer ce paiement. L'Administration a bien voulu nous prêter son concours pour établir ce service et en faciliter l'action.

Des bordereaux étaient faits par Commune, et pour chaque distribution, conformément aux décisions prises par le Comité. Ils indiquaient nominativement toutes les familles admises au secours et la somme attribuée à chacune d'elles. Cet état, dressé et arrêté par le Comité, était certifié par le Président, vu et approuvé par le Préfet, et transmis par le Trésorier-Payeur général aux percepteurs chargés d'effectuer le paiement dans les communes de leur perception. M. le Préfet faisait précéder cet envoi d'une lettre d'avis au Maire de la commune, lequel était également chargé d'en informer les ayant-droits. De cette manière, sans retard, et en quelque sorte à domicile, le secours était payé. — Il en était justifié dans une colonne d'émargement, par la signature des parties prenantes, et pour les illettrés par celle de deux témoins.— Ces pièces, qui faisaient retour, sont demeurées classées en pièces justificatives. Elles sont déposées avec tous les autres documents aux archives de la Préfecture,

Le compte ouvert à chaque individu fait connaître quelle

part il a prise à chaque distribution et quelle somme totale a été attribuée à chacun. Il en est qui ont reçu 80, 100 et jusqu'à 150 francs distribués en cinq ou six paiements. — Nous savons, par les témoignages que nous en avons reçus, que ces allocations ont été pour quelques-uns d'un très-grand secours. Elles sont arrivées dans des moments difficiles à passer et ont apporté certainement un allégement à de dures privations et à de réelles souffrances. Cette seule pensée nous dédommagerait de la part laborieuse et quelquefois pénible qui a été la notre dans cette opération.

Grâce au concours que nous avons reçu des employés de l'administration des Finances, et particulièrement de ceux de la Préfecture, si compétents dans toutes ces questions, cette opération a pu se faire avec beaucoup d'ordre, de régularité et d'exactitude. C'est un devoir pour nous de leur en témoigner notre reconnaissance. C'est un devoir de l'exprimer envers MM. les Maires qui ont répondu avec tant d'obligeance aux renseignements que nous avons été dans le cas de leur demander. C'en est un surtout envers MM. les Membres du Comité départemental qui ont mis tant de zèle à seconder les mesures qui nous étaient prescrites, pour les informations à prendre, et pour une sage et équitable répartition.

Valence, le 25 Août 1871.

Le Président de la Commission,

DUPRÉ DE LOIRE.

La circulaire suivante nous a été communiquée après la clôture de nos opérations. Elle est d'un si grand intérêt pour les familles de nos soldats et complète si bien l'œuvreque nous avons entreprise, que nous nous faisons un devoir de la publier. Elle sera reçue avec reconnaissance.

COMMISSION
de répartition des secours aux familles de militaires, marins, etc., sous les drapeaux.

Paris, le 9 août 1871.

MONSIEUR LE PRÉFET,

Le licenciement de l'armée auxiliaire, le retour des prisonniers d'Allemagne et les congés délivrés aux soldats qui peuvent invoquer le titre de soutien de famille ont mis fin à la plupart des souffrances en vue desquelles avaient été institués, au début de la guerre, les comités départementaux de secours aux familles des militaires.

Des situations douloureuses appellent cependant encore la bienveillante sollicitude du Gouvernement. Sans parler des veuves et des orphelins qui attendent la liquidation de leurs pensions légales, des fils, des frères ou d'autres parents dont le travail était souvent la seule ressource d'une nombreuse famille ont pu être enlevés, soit par le feu de l'ennemi, soit par les fatigues de la guerre ou quelquefois aussi rentrer infirmes dans leurs foyers. Ces familles sont d'autant plus dignes d'intérêt qu'elles n'ont pas droit à pension et qu'elles ne peuvent espérer qu'une assistance temporaire. Plus triste encore est la situation de celles qui, après avoir été épargnées par la guerre, ont perdu leurs soutiens dans la lutte engagée sous les murs de Paris.

La Commission chargée de la répartition des fonds votés au mois d'août 1870 s'est préoccupée de ces situations diverses. Elle désire que les comités départementaux recherchent et lui signalent les familles qui pourraient réclamer encore, à l'un de ces titres, les secours inscrits au budget de l'Etat.

Mais il ne saurait plus être question aujourd'hui de distributions générales faites dans les formes précédemment admises. La Commission ne compte donc plus ouvrir aux comités départementaux de crédits en bloc ; elle se réserve seulement d'examiner les listes nominatives successivement adressées par votre intermédiaire et les nouveaux crédits seraient proportionnés aux demandes présentées et reconnues justifiées (1).

Les fonds votés par décision législative ont une affectation spéciale qui doit être scrupuleusement respectée. Il sera donc essentiel de ne comprendre dans les états de proposition dont je viens de parler que des familles *ayant eu ou ayant encore des membres sous les drapeaux* et qui se trouveraient d'ailleurs dans un des cas ci-dessus spécifiés.

Mais la Commission dispose, indépendamment des crédits budgétaires, d'un certain fonds de secours provenant des souscriptions patriotiques ou étrangères centralisées au Trésor public. Ce fonds, qui doit être employé conformément aux volontés des donateurs, a une affectation moins exclusive. Il se compose d'offrandes recueillies soit en faveur des blessés, soit plus généralement en faveur des victimes de la guerre. La Commission vous autorise également à lui adresser dans une mesure prudente des propositions de secours imputables sur ce fonds spécial ; mais elle vous recommande d'établir, en ce qui les concerne, des états distincts, d'y comprendre principalement des soldats blessés devant l'ennemi et dont la pension n'est pas liquidée et d'en écarter toutes les personnes qui n'invoqueraient que des *pertes matérielles* résultant de réquisitions, pillage, etc., la question des indemnités de guerre demeurant réservée à l'examen de l'Assemblée nationale.

Un esprit de sage économie devra, Monsieur le Préfet, présider à ce travail que je confie à vos soins et à votre con-

---

(1) Une exception à cette règle pourrait cependant être consentie dans l'intérêt des départements qui, par suite de l'invasion, n'ont point participé aux répartitions faites pendant la durée des hostilités et dans lesquels des mesures plus larges d'assistance seraient reconnues nécessaires.

trôle particulier. Vous vous attacherez, tout en ne laissant dans l'oubli aucune misère vraiment digne de soulagement à sauvegarder les intérêts du Trésor et à ménager, pour qu'elles reçoivent un emploi aussi efficace que possible, les ressources dues à la charité privée.

Les dispositions de la présente circulaire ne s'appliquent pas aux Comités qui ont encore des reliquats en caisse provenant soit des allocations de l'Etat, soit des souscriptions particulières. Les Comités qui m'adresseront, par votre entremise, des états nominatifs de propositions devront donc justifier tout d'abord de l'épuisement de leurs ressources et de l'emploi des sommes mises successivement à leur disposition. La régularité de ces opérations devra en effet être établie devant l'Assemblée nationale, à qui la Commission supérieure aura à rendre compte de l'ensemble de ses travaux.

Recevez, Monsieur le Préfet, etc.

Pour le Ministre des finances, président de la Commission de répartition des secours, et par autorisation.

Le Directeur général de la comptabilité publique,
membre de la Commission,

Signé : DE ROUSSY.

Pour copie conforme
  Pour le préfet,
Le Secrétaire-Général,
  ALAMICHELLE.

Valence, Imprimerie Jules Céas et fils. 662.